Oliver Luser

Open minded

Der Weg zu einer offenen Gesellschaft

Verlag: Chancen-Vielfalt-SLBC UG & Co.KG,
Frankfurt am Main

Druck & Vertrieb: tredition GmbH, Hamburg

Autor: Oliver Luser

Umschlaggestaltung: Oliver Luser

ISBN
Paperback: 978-3-9819569-7-9
Hardcover: 978-3-9819569-1-7
e-Book: 978-3-9819569-9-3

Oliver Luser

Open minded

Der Weg zu einer offenen Gesellschaft

Kapitel 1 - Einleitung

Das vorliegende Buch vollendet meine bisherigen Publikationen

> *Nachhaltigkeitsmanagement - Als Kernbestandteil der ganzheitlichen Unternehmensstrategie,*
>
> *Herzensliebe - Der bewusste Weg zur eigenen Wertschätzung*
>
> *Resilienz für den eigenen Lebensweg - Interviews mit Unternehmer-Persönlichkeien*

in der Art, das die einzelnen thematischen Betrachtungen zu einem ganzen zusammengefügt werden.

Das Buch „Nachhaltigkeitsmanagement - Als Kernbestandteil der ganzheitlichen Unternehmensstrategie" behandelt soziale Verantwortung von Unternehmen.

Das Buch „Herzensliebe - Der bewusste Weg zur eigenen Wertschätzung" entwirft, anhand von thematisch gegliederten Fragenkatalogen, einen Entwurf eines ganzheitlichen Lebensmodels.

Im Buch „Resilienz für den eigenen Lebensweg - Interviews mit Unternehmer-Persönlichkeiten" kamen unterschiedliche Men-

schen zu Wort, die aus prägenden Ereignissen und ihren damit verbundenen Lebensentscheidungen berichteten.

Auf diesen unterschiedlichen Perspektiven zum Leben baut nun das vorliegende Buch auf, um sich mit den Hintergründen für unsere Prägungen und Werturteilen auseinander zu setzen.

Behandelt werden die Aspekte

> *Des Einflusses beim Zugang zu unseren Erinnerungen,*
>
> *Des Einflusses unseres Umfeldes,*
>
> *Des Einflusses der Kultur in der wir leben,*
>
> *Des Einflusses der Religion bzw. der Spiritualität der wir uns verbunden fühlen*

bis hin zur eigenen Selbstheilung aus den Erkenntnissen dieser tiefgreifenden Auseinandersetzung.

Wir begegnen den grundsätzlichen Erklärungen, welche direkten und indirekten Prägungen uns beeinflussen. Aber auch vor welche Herausforderungen uns unser Gedächtnis, im Bezug auf unsere Erinnerungen, stellt.

Nicht zu vergessen mit den Lebensanforderungen unseres Elternhauses bzw. unserer Lehrer, Ausbilder und evtl. Professoren, die unsere Einstellung zur Lehre, aber auch zum Beruf, stärker als uns hinlänglich bewusst ist, geprägt haben.

Das Buch schliesst mit Anregungen, wie uns die gewonnenen Erkenntnisse unterstützen können, ein tieferes Verständnis für uns und damit auch für unsere Sicht zu bekommen.

Es wird uns aber auch bewusst, auf welchem Fundament wir Ergebnis unseres Lebensraumes, im großen wie in kleinen sind.

Welche Zeitspanne wir benötigen, um uns all diese Erkenntnisse klar zu machen und auf diesem Fundament zu entscheiden, wie wir damit für unseren zukünftigen Lebensweg umgehen möchten.

Ich wünsche Ihnen nun viele anregende Momente.

Kapitel 2 - Einfluss des Zugangs zu unseren Erinnerung

Wie bereits durch Freud, Frederic Bartlett und Gerald Edelmann erforscht, sind unsere Erinnerungen keine exakte Wiedergabe des tatsächlich Geschehenen.

Bei jedem Male, an dem wir von Erlebtem erzählen, vermischen sich diese Ereignisse mit unseren Vorurteilen und Veranlagungen. Diese leiten uns, obwohl auch sie nicht ein ausschliessliches Produkt unseres Selbstest sind. Hierbei verbindet sich angeborenes mit anerzogenem. Leitet damit die Breite oder Enge unserer Wahrnehmung bzw. unserer Blickweise auf eine Situation und damit auch auf unsere Erinnerungen.

Schon allein auf dieser Basis zeigt sich die Fragilität der Einschätzung unseres Erinnerungsvermögens. Fragil deshalb, da unser Werturteil im Laufe unseres Lebens permanenten Veränderungen unterworfen ist. Diese Veränderungen basieren auf direkt oder indirekt übernommenen Prägungen aus unserem Umfeld, das den gleichen individuell ausgeprägten Wandel, in unterschiedlicher Dynamik und Tiefe unterliegt. Ob Familie, Lebenspartner, Kinder, Kommilitonen, Arbeitskollegen, Chefs, Lehrer, spirituellen Führer etc.. Genauso wie die Literatur, Kunst, Musik, Nachrichten, Zeitungen, Filme oder ähnliches, mit dem wir uns beschäftigen. All das prägt und verändert damit unsere Sicht und

Einstellung auf unser Leben. Nicht nur im Hier und Jetzt, sondern auch auf die Darstellung von Erinnerungen oder unseren Blick und unsere Wünsche sowie Erwartungen für unsere Zukunft.

Was sich daraus bereits offenbart ist der Umstand, das unsere Erinnerungen nicht statisch sind. Uns, sollten wir den Anspruch einer Beweiskraft auf unsere Erinnerungen erheben, einen Streich spielen können. Ohne das wir uns dessen bewusst sind, wenn wir uns vorangestelltes nicht immer wieder vor Augen führen.

Was wir hierbei aber noch völlig außer Acht gelassen haben ist der Umstand, das auch sehr emotionale Ereignisse wie z. B. Briefe, die uns mit vertrautem wie z. B. Orten, Situationen oder ähnlichem konfrontieren, in der Rückbetrachtung uns so stark einvernehmen können, das wir der Meinung sind, Bestandteil des Geschehenen gewesen zu sein, obwohl dies objektiv zu keinem Zeitpunkt der Fall gewesen ist.

Auch unseren direkten Einfluss auf die Struktur unsere Gehirns, haben wir uns bisher nicht vor Augen geführt. Lange Zeit wurde in der Wissenschaft von einer statischen Struktur ausgegangen. Seit Gerald M. Edelman wissen wir, das aus der Fülle der Erfahrungen, die wir in unserem Leben machen und die uns prägen, wir auch Einfluss auf die Struktur unseres Gehirns nehmen. Genau genommen auf die Funktion des Gehirns . Natürlich im Rahmen der vorhandenen Begrenzungen, aber dennoch auf die Interaktion der Gehirnareale des Kortex und des Thalamus.

Auch das Unterbewusstsein ist ein Bereich, der in direktem Bezug zu unserem Erinnerungsvermögen steht. Unzählige unserer Erinnerungen werden hier verwahrt und sind für uns nicht ohne weiteres zugänglich. Erst bestimmte Ereignisse lassen uns kurzzeitig auf ausgesuchte Erinnerung Zugriff nehmen. Zum Beispiel ein bestimmter Essengeruch, der uns an ein lieb gewonnenes Essen unserer Kindheit erinnert. Der überwiegende Teil unserer Entscheidungen wird auf unser Unterbewusstsein zurückgeführt, anders wie wir dies in der Regel annehmen. Nicht das Bewusstsein, sprich, die rationale Auseinandersetzung mit einer Situation [1].

Auch hier wird uns wieder deutlich, was sich bereits Eingangs gezeigt hat, das die Rationalität in unserem bewussten Urteilen bei unseren Erinnerungen an Grenzen stößt.

Ein Aspekt ganz anderer Natur ist die Art und Weise, wie wir generell unser Wissen, das Bestandteil unseres Erinnerungsvermögens ist, vergrößern. Hierzu vertreten die Psychologen Aljoscha Neubauer und Elisabeth Stern die Auffassung, das die effizienteste und mit dem vermeintlich größten Erfolg praktizierte Methode ist, die Struktur des Lernens darauf auszurichten, auf das vorhandene Fundament aufzubauen. D. h. ganz gezielt die Wissenserarbeitung im Eigenstudium bzw. die Wissensvermittlung durch Lehrer danach auszurichten, gezielt an dem vorhanden Wissen anzuknüpfen.

In diesen Bereich spielt aber neben der Art und Weise der Wissensvermittlung und / oder -erarbeitung, die uns in frühester Kindheit zu Teil gewordene Geborgenheit, Zuwendung und Lernerfahrung, eine entscheidende Rolle. Diese Aspekte sind zentral mitverantwortlich für die geistige und sozioemotionale Entwicklung.

Die in der Kindheit einem Menschen widerfahrenen schlimmen Erlebnisse haben neben dem Umstand seiner Prägung auch entscheidenden Einfluß auch seine Hirnregion, in der Gestalt, das solche Erfahrungen sich im Nachhinein nicht einfach löschen lassen, da unser Verhalten eine feste Verbindung hiermit bildet.

Somit schließen sich jahrelange Auseinandersetzung mit der Bewältigung an, um die einmal erfahrenen Defizite für uns selbst wieder auszugleichen bzw. diesem Ideal nahe zu kommen [2].

Fazit:

Das entscheidende an all dem vorangestellten wird sich im Bezug auf die Themenstellungen der nächsten Kapitel darin präsentieren, das wir unsere Einstellung, unser Werturteil bzw. unsere Offenheit und Unvoreingenommenheit mit der Begegnung dieser Themen nur in dem Maße umsetzen können, wie unsere eigenen Wertmaßstäbe, aus den Prägungen des Lebens, uns dies ermöglichen.

Wir sind in diesem Aspekt ein Produkt unserer Lebensumstände. Geprägt seit frühester Kindheit aus den Wertmaßstäben unseres Elternhauses und dem geistigen Fundament der Schulen / Universitäten mit Ihren Lehrerkollegien. Die uns auf dem Fundament Ihrer eigenen Überzeugungen und Lebensanschauungen formen und damit auch indirekt beeinflussen können.

Alternativ der Ausbildungseinheit unseres Lehrbetriebes. In gleichem Maße aber auch unserem Freundeskreis, sowie der Literatur, Musik etc. mit der wir uns im Laufe des Lebens beschäftigt haben.

So sehr sich unsere Interessen verändern, verändert sich auch unser Werturteil zu Lebensfragen und damit auch immer wieder Facetten in der Darstellung unserer Erinnerungen lang vergangener Situationen in unserem Leben.

Nicht unser Gedächtnis und unserer Erinnerungsvermögen wird somit trüber oder verblasst. Nein das Fundament für die Wahrnehmung von Nuancen aus dem Fundus der Erinnerungen in unserm Unterbewusstsein verändern sich fortlaufend.

Nicht nur für uns, sondern auch für die Menschen mit denen wir unsere Schilderungen teilen, verändern sich damit die Inhalte von augenscheinlich ein und derselben Lebenssituation im Laufe der Zeit.

Einmal aus den Prägungen der bestandenen Enge und ohne eigenes Erleben vorgefertigten Vorbehalten und Vorurteilen heraus-

getreten, lassen sie sich somit überwinden, abmildern oder verstärken. All das beeinflusst durch die weiteren Erfahrungen, die uns im Leben zu Teil werden.

Aber auch in nicht unerheblichem Umfang, die Qualität und Möglichkeiten, sowohl finanzieller Art, aber auch im Hinblick auf soziale und emotionale Stabilität unseres Lebensumfeldes.

Eine Reise zur Selbstheilung unserer Persönlichkeit lässt sich nur beginnen, wenn wir nicht im alltäglichen mit dem Ringen um unsere Existenz ausgelastet sind. Nur dann ergibt sich der Freiraum sich auch mit diesem Thema auf eine Reise zu sich selbst zu begeben. Dazu aber mehr in dem entsprechenden Kapitel.

Kapitel 3 - Einfluss des Umfeldes

Neben dem Aspekten im Bezug auf die Exaktheit der historischen Aussagekraft unserer Erinnerungen wird unser Werturteil in hohem Maße aus dem Lebensumfeld und damit unserer sozialen Situation geprägt. Neben Faktoren wie der Anerkennung unserer Lebensleistungen in unserer Familie und unserem sozialen Umfeld, ist u. a. auch die Chancengerechtigkeit, unsere Fähigkeit uns in unsere berufliche Tätigkeit einbringen zu können, ein wesentliches Bedürfnis in unserem Leben.

In unserer heutigen stark fragmentierten Arbeitswelt gelingt das leider nur noch einem immer kleiner werdenden Personenkreis. Was zur Folge hat, das neben der individuellen Unzufriedenheit eines großen Teils der arbeitenden Bevölkerung auch der damit einhergehende Stressfaktor einen immer größer werdenden Aspekt in unserem Leben einnimmt. Bedingt wird der Stressmoment nicht nur aus dem Umstand, in einer Arbeitstätigkeit, in der wir keine ausreichenden Fähigkeiten besitzen, den Anforderungen, die an uns herangetragen werden, nicht entsprechen zu können und damit einem potentiellen Verlust des Arbeitsplatzes ausgesetzt zu sein, Dazu gesellt sich auch die grundlegende existenzielle Sorge in der Folge auch generell keine neue Möglichkeit in der Erwerbswelt mehr zu erhalten.

Dieses ständige Spannungsfeld beeinflusst in erheblichem Maße auch unser Werturteil auf generelle, wie persönliche Lebensfragen und damit auch unsere individuelle Sicht auf unsere eigenen Erinnerungen, wie auch auf die Qualität und Tiefe der bei uns vorhandene Vorbehalte und Vorurteile. Dies prägt unsere Offenheit und Breite im Zugang auf Lebensthemen, wie den Zugang auf fremde Kulturkreise, andere Lebensformen sowie auch Lebensmodelle im generellen Ganzen.

Es spiegelt sich in dem vorgenannten aber auch sehr stark die uns anerzogene und angelernte Sicht auf unser Selbstverständnis unserer Lebensaufgabe wieder. Von frühesten Kinderbeinen werden wir auf bestimmte Lerninhalte und Lernergebnisse trainiert. Im Elternhaus noch sehr spielerisch, sind unsere ersten Erfahrungen ausserhalb unseres Elternhauses, im Kindergarten bereits sehr reglementiert. In der Form, das wir genau beobachtet werden, ob sich unsere motorischen und geistigen Fähigkeiten in der Norm und der dafür vorgesehen Zeitspanne bewegen. Norm in der Gestalt, das die aktuelle Lehre der Pädagogik hier die Leitlinien vorgibt, an denen der Pädagoge sein Beobachtungsergebnis misst.

Bereits in dieser sehr frühen Lebensphase kollidiert ein erstes Mal im Leben unsere Individualität mit den Erwartungen. Geht es nicht mehr um unseren Lebensrhythmus, sondern die gesellschaftlich definierten und über die Regularien der Bildungssysteme legitimierten Erwartungen an uns, unsere Entwicklungsgeschwindigkeit und unsere Entwicklungsgüte.

Alle Abweichungen der Norm, ob am oberen oder unteren Rand, fordern bereits in dieser sehr frühen Lebensphase von uns, sowohl die Pädagogik und den Umgang mit uns sowie damit einhergehend die Richtung unseres weiteren Lebensweges, auf den wir in dieser frühen Lebensphase direkt und unmittelbar noch keinerlei Einfluss haben.

In dieser Lebensphase, wie am Ende unseres Lebens, sind wir fast ausschliesslich auf das Wohlwollen, die Empathie und damit Sicht auf das Leben der Menschen angewiesen, die für unser Wohlwollen, die entsprechenden Entscheidungen treffen.

In diesem Zusammenhang bezieht sich die Sicht auf das Leben in der Bedeutung, das ganz ausschlaggebend der Umgang mit der Individualität der für uns entscheidenden Menschen gefragt ist. Darf in dem Wertekodex unsere Individualität sich einen längerem Zeitraum für unsere Entwicklung, zu Beginn unseres Lebens, reservieren, ohne das wir durch, für unsere Entwicklung nicht hilfreiche, Massnahmenkataloge so überlagert und geprägt werden, das das Ergebnis nicht unsere persönliche Entwicklung, sondern ausschließlich das Ergebnis der getroffenen Maßnahmen widerspiegelt.

Darf in dem Ergebnis unserer eigenen Individualität auch eine nicht Erfüllung und aus der Erkenntnis der Pädagogik trotzdem wertschätzender Umgang mit uns und unserem eigenen Lebensweg sein, ohne uns durch das Stigma der Nichterfüllung bereits in dieser frühen Phase des Lebens zum Out-Member der Entwicklung der Pädagogik zu stilisieren.

Gelingt uns als Gesellschaft Bildung als Unterstützung der individuellen Förderung der in uns ruhenden Talente auszugestalten und damit der Vielfalt und dem Reichtum der Gesellschaft sowie der ganzen Menschheit gerecht zu werden, ohne in einem überbetonten Mase eine Uniformität zu Beabsichtigen und damit den großen Schatz der Vielfalt nicht zu heben.

An dieser Stelle sollten wir uns noch einen Moment mit der Psychologie des Vorurteils auseinandersetzen, da uns dies einen tieferen Einblick in die daraus resultierende Problem-Charakteristik aufzeigt. Zum einen zeigen sich ausgeprägte Phänomene von Vorurteilen bei ängstlichen Menschen, bei denen die Angstmomente auf die Erziehungspraktiken des Elternhauses zurückzuführen sind. Eine weitere Quelle für diese Phänomene ist die Thematik des In- / Outgroup-Paradigmas.

Um diese zu Überwinden bleibt im Grunde nur die offene Auseinandersetzung mit den hinter den Vorurteilen betroffenen Menschen in der Gestalt, das wir uns mit den Bedürfnissen, Interessen und Lebenssituationen, wie mit unseren eigenen, auseinandersetzen.

Über die aufgebrachte Empathie haben wir die Gelegenheit, anstatt uns in Ideologien von extremen Gruppierungen zu verlieren, die diese Vorbehalte aufgreifen, in dem sie Scheinlösungen als Sicherheitsversprechen anbieten, nur um unsere Zustimmung / Zugehörigkeit zu erhalten, uns eine andere Sichtweise und damit Zugang zu den Menschen zu verschaffen.

Dieser gelebte Respekt ermöglicht uns und dem Betroffenen einen Perspektiven-Wechsel und damit die Chance auf eine Annäherungen auf dem Nährboden des Verständnisses.

Verschärft wird dieser Aspekt auch aus der Sicht der Maslow'-schen Bedürfnis-Pyramide. Gerade unsere Bedürfnisse nach Geborgenheit und existentieller Sicherheit, sind zum einen durch die heutige Form unsere Arbeitswelt, aber auch durch die sich immer weiter ausbreitende Zunahme von Single-Haushalten und der Vorstufe der instabileren Beziehungen (ob Ehen oder Lebensgemeinschaften) immer weniger gegeben und machen uns, aus unserer Verunsicherung viel zugänglicher für extreme Gruppierungen, ob im politischen oder religiösen Bereich.

Gerade hinsichtlich des Aspektes der Form der derzeitigen Arbeitswelt liegt die Ironie des Schicksals in dem Umstand, das die Charakteristiken des calvinistischen Protestantismus in Form der Arbeitsmoral (Fleiss, Selbstdisziplin und Genügsamkeit) die Grundlage für die industrielle Revolution und damit den modernen Kapitalismus, lt. dem Soziologen May Weber, waren.

In der Betrachtung und Reflexion unseres gesellschaftlichen Zusammenlebens bzw. der Rechtsordnung, die diesem zu Grunde liegt, sollten wir einmal den Blick darauf legen, inwiefern die gesellschaftliche Isolation von Menschen und die damit einhergehenden sozialen Unwägbarkeiten für die Gemeinschaft nicht Ausdruck der generellen Verweigerung dieser Menschengruppen sind, sondern das Ergebnis der Art und Weise, wie wir Sanktionen bei nicht Befolgung der Rechtsordnung definieren und vollstrecken.

Aus der psychologischen Forschung ist uns bewusst, das die soziale Isolation von einzelnen Menschen oder Menschengruppen zuerst das emotionale Gleichgewicht eben jener nachhaltig destabilisiert und damit zu nachhaltigen Beeinträchtigungen im Umgang mit emotionalen Stresss führen.

Was uns als Gesellschaft aber nicht daran hindert, durch teilweise langjährige Verwahrung von, nach unserer Rechtsordnung, straffällig gewordenen Menschen, diese gesellschaftliche Isolation zu betreiben. Teils unter prekären Verhältnissen, die für sich allein genommen, alle Schattenaspekte einer verletzten Seele im Umgang bei sozialen Konflikten den Raum bahnen, den wir gerade nicht öffnen wollten. Doch selbst wenn diese, für die betroffenen, teils erniedrigende Zeitdauer absolviert und die damit abgesprochene Strafe verbüsst ist, bleibt vielen nachhaltig der unvoreingenommene Rückweg in die Gesellschaft verwährt.

Bereits in seiner Originalausgabe Tristes Tropics, aus dem Jahre 1955, hat der Ethnologe Claude Lévi-Strauss, nach jahrelangem Studium von Urvölkern resümiert, „das logischerweise verlangt die Infantilisierung des Schuldigen, die der Begriff Strafe impliziert, daß man ihm auch Belohnung zugesteht, ohne die er erste Schritt seine Wirksamkeit verlieren würde, wenn nicht sogar das genaue Gegenteil von dem zeitigt, was man sich erhoffte [2] “.

Wenn wir aber den Aspekt der sozialen Isolation noch einmal aus dem Blickwinkel der psychologischen Betrachtung anschauen, geht mit der Anleitung der abgeleisteten Strafe und der sozialen Isolation der Gemeinschaft auch der sozial / materiale Abstieg einher.

Dieser Aspekt ist aus der Bewertung der materiellen Stellung für unsere Betrachtung nicht wichtig, sondern erlangt seine Bedeutung wenn wir uns einmal damit beschäftigen, das mit dieser sozialen Isolation auch häufig Traumata in dem betroffenen Menschen ausgelöst werden.

Traumata die viel intensive Auseinandersetzung und Wahrnehmung von Hilfsangeboten voraussetzt. Der Nährboden, damit all das dem einzelnen Menschen bei der Bewältigung seiner Traumata unterstützt, ist aber zum einen materielle Sicherheit und ein Umfeld / Region, in der der betroffene in einem relativen Frieden leben kann.

Im vorgenannten Fall können wir Frieden auch mit dem sozialen Frieden der Gemeinschaft, in der sich der einzelne befindet, gleichsetzen.

Wenn nun diese, nennen wir es grundlegenden Lebensstabalisatoren nicht gegeben sind, bzw. nicht erreicht werden können, dann hat das für den betroffen häufig auch Auswirkungen, die es ihm in vielen Situation schwerlich ermöglichen, adäquat mit Lebenssituationen umzugehen, die in ihm einen emotionalen Stress auslösen.

In vielen Fällen stellen sich durch das Eintreten dieser sogenannten Triggerfaktoren unangemessene und häufig überschießende Reaktionen auf sein Umfeld ein. Häufig Interpretiert als aggressives oder unempatisches Verhalten. Was aus der Sicht desjenigen, der in Unkenntnis des seelische Zustandes seines Gegenübers, das auch so empfinden muss. In welcher innerer Not und Verzweiflung sich derjenige, für sich alleingenommen befindet, erschließt sich dem Umfeld in aller Regel nicht.

Dieser Aspekt ist aber für eine Umfeldanalyse so erheblich, das es für mich an dieser Stelle sehr wichtig war, diesen einmal zu visualisieren. In vielen Fällen bedarf es überhaupt nicht einer Straffälligkeit, die diesem inneren Notstand vorausgeht.

Vielen Menschen tragen tief in ihrer Seele eingelassen sehr schwere Verletzungen mit sich herum. Ob bereits in der Kindheit angelegt und dann durch weitere, vielfältige Lebenssituationen, nur noch vermehrt.

Oder aus einem Strauß von vielfältigen, erst einmal voneinander unabhängigen Lebenssituationen ausgelösten Verletzungen, die zusammengenommen für den betroffenen aber immer wieder zu einer speziellen Wahrnehmung seiner Person im Umgang mit anderen Menschen geführt hat.

Sie können daran selbst abschätzen, wie häufig wir im Alltag auf Menschen treffen, bei denen die vorgenannte Beschreibung der Kern und die Grundlage Ihres Verhalten sind.

Gerade wir Europäer sind als Reiseweltmeister in der Welt bekannt und gern gesehen. Im Hinblick auf die vorliegende Thematik sollten wir einen Moment innehalten und uns fragen, was unsere Beweggründe sind, wenn wir uns auf den Weg machen.

Sind wir in diesen Momenten beseelt von dem Wunsch tief in andere Kulturen einzutauschen. Die Rituale und Sitten der anderen Kulturen kennenzulernen. In dem Geiste, das wir dadurch ein viel größeres Verständnis für die jeweiligen Besonderheiten haben.

Beseelt davon diese Vielfalt kennen zu lernen. An ihr zu wachsen. Auch um vorschnelle Vorurteile, für uns selbst, aus einem viel tieferen Verständnis, richtig einordnen zu können. Und uns nicht einfach von dieser Welle mitreisen zu lassen.

Motiviert von dem Wunsch, aus jeder Kultur die wir kennenlernen ein tieferes Verständnis mitzunehmen, welche Anpassung und Änderungen bedürfen nicht nur unserer Sichtweise auf das Zusammenleben, sondern auch welche Anpassungen und Änderungen in unseren gesellschaftlichen Regelwerken, die die Basis unseres Zusammenlebens bilden, notwendig sind. Auf dieser Basis wächst die Welt und damit die Vielfalt der Kulturen auf einer wertschätzenden Grundlage immer stärker zusammen.

Wenn wir in dieser Art und Weise uns die Welt erschließen, sagt das auch viel über die Offenheit und Wertschätzung für die Vielfalt der Menschen aus. Wir gestehen uns damit selber ein, das keine Gesellschaft vollkommen ist. Auch unsere nicht.

Das in jeder Gesellschaft in Teilen ein Missverhältnis besteht zwischen den gestalteten Gesellschaftsregeln und den gelebten. Das trotz aller Bekundungen in jeder Kultur ein gewisses Maß an Ungerechtigkeit, Gefühllosigkeit oder Grausamkeit zur gelebten Realität gehört.

Oder sind wir Trophäen-Jäger. Die in viele Ländern reisen. Gerne Kleider, Möbel oder sonstige Acessioares mitbringen. Uns aber der tiefe Zugang zu den bereisten Kulturen verschlossen bleibt.

Wie Claude Levi-Strauss in seinem Buch „Traurige Tropen" bereits ausgeführt hat „ Der Reisende wird zum Antiquitätenhändler, den der Mangel an Kunstgegenständen zwingt, seine Galerien aufzugeben, um mit alten Souvenirs vorliebzunehmen, die er auf seinen Spaziergänge durch die Flohmärkte der bewohnten Welt erhandelt [2] ".

Fazit:

All die gewonnenen Erkenntnisse und auch das Bewusstsein, ob der historischen Probleme und Herausforderungen ,können die Bedeutung für das Ringen um den wertschätzenden Umgang miteinander und das gesellschaftliche Einstehen füreinander, nicht begrenzt in den gedanklichen Grenzen der Nationalität, sondern ausschliesslich auf dem Fundament der Menschlichkeit. betrachten.

Eine Sicht, der ein Modewort vor ein paar Jahren, nämlich „Cosmopolit", schon einmal sehr nahe gekommen ist. Nicht in der Tragweite derselben. Aber in der Sicht, sich als Teil der Welt und nicht als Teil eines isolierten Geburts- oder Wohnortes zu begreifen.

Beziehen wir in unsere Überlegungen die Erkenntnisse der Hirnforschung mit ein, lässt sich resümieren, das unser Verhalten und die Art und Weise, wie wir anderen Menschen begegnen, im hohen Maße ein Spiegel der Erfahrungen, die wir aus dem Lebensumfeld, in dem wir uns bewegen, gemacht haben.

Hieraus darf unsere Schlussfolgerung nicht automatisch in einem klassischen In-/Out-Modus verfallen. Ein in der Grundphilosophie Lebens und Menschen bejahender Dogmatismus bleibt am Ende doch Dogmatismus und führt weder im Kern noch in der Breite zu einer offeneren Gesellschaft.

Das Herausarbeiten der Ursachen und Einflüsse unserer Prägungen dienen ausschliesslich dem Verstehen der Mechanismen, die sich in uns, bis hin zu der Verknüpfung unserer Synapsen im Gehirn, herausbilden bzw. ablaufen. Das Erkennen und Verstehen sind für uns der Schlüssel, Prägungen zu überwinden und unser

Verhalten und unseren Umgang mit anderen Menschen grundlegend zu verändern [1].

Bezogen auf ausgesprochene Sanktionierungen bei Verletzung der Rechtsordnungen, die wir uns selbst für das soziale Leben in unserer Gemeinschaft gegeben haben, müssen wir uns zu jeder Zeit vergegenwärtigen, das sowohl die Art und Weise der Sanktionen, wie die Durchführung, als auch der Abschluss der Sanktionen, den einzelnen immer wieder den Weg in die Gemeinschaft eröffnen muss.

Das elementare Gefühl, seinen Platz und Wert für die Gemeinschaft zu besitzen, ist der Kit, für das soziale Miteinander. Mit dem Zeitpunkt in dem dieses Gefühl bei dem oder den Mitgliedern der Gesellschaft nachhaltig zerstört ist, ist nicht nur der Beginn der Instabilisierung der emotionalen Balance, sondern auch der gesellschaftlichen Grundordnung. Alle sich daraus ergebenden Handlungen nur Symptome der eigentlichen Ursache.

Bedingt durch die schwierigen Lebenssituationen der Naturvölker, z. B. in Süd- und Mittelamerika, ist die Stabilität der Gemeinschaft und der Beitrag des einzelnen elementar für die Existenz der Gemeinschaft. Somit hat ein jeder seinen Platz und die damit einhergehende Wertschätzung seiner Person erlebbar.

Der nicht humane Umgang mit Sanktionen ist somit auch nur eins von vielen Symptomen, die versuchen unseren Blick auf die eigentlichen Kernprobleme zu lenken. Die sehr stark ausgeprägte soziale Ungleichheit spaltet in der westlichen Welt schon generell das soziale Miteinander.

Gerade die Radikalisierung der gegenwärtigen Politlandschaft und damit Spiegelbild des seelischen Gemütszustand der Gesellschaft, sind Ausdruck wie weit der einzelne vom Gefühl der Wertschätzung durch die Gemeinschaft entfernt ist.

Die Formen unser Arbeits- und Lebenswelt begünstigen die Isolation und Vereinsamung von Menschen. Deren seelisch instabile Verfassung wie ein Schwamm dankbar, jede auch noch so realitätsferne Versprechung aufsaugt, um die eigene Illusion vom besseren Platz im Leben wirksam zu halten, ohne die das tägliche in seiner Schwere und Hoffnungslosigkeit nicht mehr auszuhalten wäre.

Claude Levi-Strauss resümeeierete in seinem Buch „Traurige Tropen" Das heute die Menschheit sich mit der Monokultur abfindet. Sie schickt sich an, die Zivilisation in Massen zu erzeugen wie Zuckerrüben. Und bald werden diese auch ihre einzige Nahrung sein [2].

Unser Bestreben sollte jeden Tag darauf ausgerichtet sein, den Wert der Vielfalt der Gesellschaft und damit den Wert des einzelnen für die Gesellschaft wahrzunehmen und damit auch anzunehmen.

Zu Erkennen welche Bereicherung diese Vielfalt für unser Leben und die Weiterentwicklung der Gesellschaft in sich trägt. Aber auch wahrzunehmen, wie wenig das schaffen von Monokulturen diesem nahe kommt.

Jeder Mensch, schreibt Chateaubrind, trägt eine Welt in sich, die sich aus all dem zusammensetzt, was er je gesehen und geliebt hat, und in die er immer wieder zurückkehrt, auch wenn er meint, eine fremde Welt zu durchstreifen und zu bewohnen [2].

Kapitel 4 - Einfluss der Kultur

Terry Eagleton hat die grundsätzliche Bedeutung einmal in 4 Kategorien dargestellt:

1. *der Bestand an künstlerischen und geistigen Werken*
2. *der Prozess geistiger und Intellektueller Entwicklung*
3. *die Werte, Sitten, Überzeugungen und symbolischen Praktiken, nach denen die Menschen leben*
4. *eine komplette Lebensweise*

Durch die teilweise Entfremdung des wirtschaftlichen Handels von den spirituellen Vorstellungen und traditionellen Pflichten ist die Verbundenheit der einzelnen Kulturkreise, anders wie in der vermodernen Zeit der Stammesvölker, verlorengegangen.

Die meisten Formen der kollektiven Identitäten beruhen auf dem Ausschluss anderer, manchmal notwendigerweise [1].

Bereits Levi-Strauss wies in seiner 1955 erschienen Originalausgabe „Tristes Tropics (Traurige Tropen) darauf hin, das Menschen die in einer Gesellschaft leben und sich beengt fühlen; dies ist als geistige, soziale oder geographische Enge zu verstehen; andere Menschen ausgrenzen.

Wenn wir uns nun der Frage nähern, wie die heutigen Strömungen in den USA, Europa etc. zu verstehen und erklären sind, liefert Levi-Strauss hierfür bereits eine solide wissenschaftliche Basis.

Demzufolge bestimmen sich aufkeimende Ideologien nicht aus dem politischen System an sich, sondern sind Ausdruck der Lebensform [2]

Die Schwierigkeit der Objektivität, der geistigen Unabhängigkeit und Freiheit des Einzelnen über die jeweilige kollektive Identität offenbart sich sehr anschaulich in der derzeitigen Berichterstattung und politischen Auseinandersetzung, aber auch dem Zuspruch von Teilen der Bevölkerung über die Themen der Flüchtlings-, Migrations- bzw. Frage zum Thema der Muslime in Deutschland.

Die gemeinsamen Wurzeln geraten dabei zunehmend aus der Wahrnehmung. Z. B. der große Einfluss der griechisch-hellenistischen Kultur auf die arabische Welt, wie auch die vielfältigen Einflüsse der vorgefundenen Religionen und Kulturen. Sie begründeten sich damals auf die schirre Grüße des muslimischen Reiches, das sich von Nordspanien bis zum Indus erstreckte.

In Folge dessen galten Juden, Christen, Zoroastrier und andere Monotheisten als Schwesterreligionen des Islam und waren für die Muslime akzeptabel oder wurden zumindestens geduldet.

Kommen wir zu den charakterlichen Ausprägungen die den wesentlichen Einfluss in dem Leben der kulturellen Werte aufweist. Gem. Edmund Burke sind Manieren wichtiger als Gesetze. Die in uns angelegten Manieren haben den grundlegenden Einfluss auf unseren Umgang mit anderen Menschen. Wie Sanftmütig, geläutert wir uns geben oder eben in dem grundlegenden Gegenteil dessen.

Gem. dem Philosoph John Rawls [3]sollten weder die Gesellschaft noch die Wirtschaft die Freiheit des Einzelnen verletzten.

Kombiniert mit der Fürsorge, in Anlehnung an den individuellen Bedürftigkeiten des Einzelnen und damit der Orientierung an der Erfüllung jener Bedürfnisse, ergibt sich eine Moral aus Gerechtigkeit und Fürsorge nach dem Grundsatz andere nicht anders zu behandeln, wie man selbst behandelt werden möchte.

Ein weiteres Problemfeld stellt die Zuspitzung der ausgeübten Berufsbilder in unserer heutigen Gesellschaft da. Der mittlerweile überwiegende Teil der Berufstätigen ist in der Dienstleistungsbranche tätig. Damit einher gehen allerdings Anforderungen an die Fähigkeiten der Menschen, die nicht von allen in dem Mase erbracht werden können, wie die jeweiligen Arbeitsanforderungen dies erfordern.

Somit ist die soziale Spaltung durch dauerhaften Stress im Hinblick auf die Sorge von Arbeitsverlust oder dem psychosoziale Stress in der Bewältigung mit der Arbeitslosigkeit ein raumgreifendes Problem in allen Erdteilen [4].

Fazit:

Die Grundsätze einer offenen Gesellschaft / Kultur basieren auf dem Fundament ein Verständnis für die Bedürfnisse, Interessen und Vorstellungen zur eigenen Lebenssituation unserer Mitmenschen zu haben.

Einher geht hiermit die Toleranz von unseren eigenen Vorstellungen abzurücken und dem Zugeständnis der Vorstellung unseres Mitmenschen.

Kapitel 5 - Einfluss der Religion / Spiritualität

In der heutigen, sehr aufgeheizten Auseinandersetzung über den Einfluss der jeweiligen Religionen auf die Gesellschaft, gelingt es häufig nicht ausreichend, frei von bewusst verdichteten Botschaften, die dem Adressaten als Legitimation der eigenen Weltanschauung dienen, sich frei von Vorurteilen und Vorbehalten, mit den Wurzeln, der jeweiligen Religionen auseinanderzusetzen.

Wenn doch erfahren wir, mit dem entsprechenden Zeitbezug der Entstehung / Aufleben der jeweiligen Religion, etwas über die damalige Gesellschaftsstruktur und das ursprüngliche Ziel der Intention Ihrer Ausrichtung.

Schnell wird uns bewusst, das Diskussionen ohne diese historische Komponente nicht geführt werden können. Dem Gesamtkontext nicht Rechnung tragen würde.

Schauen wir uns das einmal an ein paar nachfolgenden Beispielen an:

1. Koran

Der Islam entstand auf Grundlage einer Stammeskultur. Demzufolge mit wenig Strukturen im Hinblick auf ein Rechtswesen und keinerlei kodifizierten Recht.

Wenn man diesen Aspekt mit in die vielfältigen Diskussionen einbindet, wird klar, warum der Koran aus diesem Hintergrund auch rechtliche Regelung beinhaltet.

Ein zweites Beispiel ist der traditionelle Hintergrund zur Scharia. Wenn dieser Begriff in Diskussion verwendet wird, dann ausschliesslich negativ besetzt und mit ergänzenden Argumenten der Ablehnung.

Neutral betrachtet, ist mit der Scharia im traditionellen Islam ausschliesslich die Forderung nach offenen und freien Debatten über Rechtsnormen verbunden, die sich ethisch an der Offenbarung orientieren.

Daraus resümiert bereits Geert Hendrich in seinem Buch „Arabisch-Islamische Philosophie - Geschichte und Gegenwart, das die heute, selbst unter liberalen Muslimen vertretene Auffassung, es gäbe nur eine Form der Lesart (wobei es de facto Dutzende gibt, die alle jeweils Exklusivität beanspruchen), gehört so wenig zum klassischen Islam, wie die Propagierung eines einheitlichen islamischen Rechts namens Scharia.

Wenn man sich das historische Territorium anschaut, den Verbreitungsraum des Muslimischen Glaubens, erstreckte sich dieser von Europa bis nach Asien und Afrika hinein.

In besonderem Mase steht die Zeit des Umayyaden-Kalifen und die ersten zwei Jahrhunderte der Abbasiden-Herrschaft für die Toleranz und Offenheit gegenüber Andersgläubigen und auch gegenüber wissenschaftlich-philosophischer Gelehrsamkeit.

In diese Betrachtung sollten wir auch die Einflüsse mit einbeziehen, auf dessen Fundament der Islam sich begründet hat.

Von der griechisch-hellenistischen Tradition, über frühchristliches neoplatonischem Denken, mystisch-esoterisches Gedankengut bis indischer Mathematik.

Auch hier wird die weltoffene und auch der Philosophie zugewandte Seite deutlich, die mit den heute teils ausgrenzenden Botschaften konservativer, teils radikaler Gruppierungen von, nichts zu tun hatte.

Es lässt sich somit feststellen, das die historischen Blütenjahre ein Bespiel für einen wertschätzenden Umgang mit anderen Kulturen und deren Religionen war. Ein gelebter Teil [4].

2. Buddhismus

In der buddhistischen Lehre gibt es drei Arten von Großzügigkeit:

materiellen Gaben

die Gabe von Freiheit von Angst

geistigen Gaben (Weisheit, Moral und ethischen Lehren)

Das Ziel ist den Menschen zu mehr Selbstständigkeit und Glück zu verhelfen.

Im dem Buch „Das Buch der Freude" von Douglas Abrams resümierte der Dalai Lama „Wir erkennen, dass wir dem mitfühlenden Teil unseres Wesens mehr Geltung verschaffen müssen, unsere Verantwortung für andere und für die Welt, in der wir leben, spüren müssen, wenn wir glückliche Menschen werden wollen. In einer friedlicheren, gütigeren und mitfühlenderen Welt".

Der Dalai Lama bezieht in der nachfolgenden Aussage eine sehr ähnliche Position, wie wir sie auch genauso gut bei Konfuzius finden könnten: „Um Frieden innerhalb der Familie zu schaffen, sollte jeder zuerst bei sich selbst für inneren Frieden und Freude sorgen".

Das vereinende zwischen beiden ist der Ansatz, das die Qualität einer Gesellschaft abhängig von der Qualität der persönlichen

Entwicklung seiner Mitglieder ist. Diese Qualität setzt aber voraus, das die Menschen in einem Umfeld leben, in dem sie das Gefühl haben, das sie abgesichert sind. Erst in diesem Stadium streben die Menschen nach persönlicher Reifung. Setzen sich mit sich selbst auseinander.

Auf Basis dieser persönlichen Entwicklung ist der Umgang innerhalb der eigenen Familie weit stärker von Achtsamkeit und Respekt geprägt. Eine Folge die ihre Auswirkungen nicht im Stillen behält, sondern sich an den Umgangsformen mit anderen Menschen zeigt.

Teil dieser persönlichen Entwicklung ist in hohem Maße auch die eigene Selbstbefriedung. Selbstmitgefühl ist das Ergebnis der Akzeptanz der eigenen Person. Selbstmitgefühl bedeutet, das wir Mitgefühl mit unseren eigenen Schwächen haben und erkennen, das wir verletzlich und begrenzt sind

Neben den Erkenntnissen des wie, suchen aber auch die Fragestellungen des wann ihren Raum. Wann, im Sinne des richtigen Zeitpunktes, um den für ein achtsames Zusammenleben in einer Gesellschaft notwendigen Grundlagen zu begegnen und die Tragweite und Notwendigkeit kennenzulernen.

Also müssen wir bei der Schulbildung unserer Kinder auch Mitgefühl und Grundlagen der Ethik mit einbeziehen, nicht auf der Basis von religiösen Überzeugungen, sondern wissenschaftlichen Erkenntnissen, gesundem Menschenverstand aus unserer Erfahrung [5].

Auch im Buddhismus zeigt sich, wie bereits im Kapitel zum Islam herausgearbeitet, das die Grundzüge auf das harmonische Miteinander und nicht das ausgrenzende und teilende gerichtet sind.

Im Buddhismus angereichert über die Komponente, das zuerst eine Selbstbefriedung als Fundament für den wertschätzenden Umgang mit anderen Menschen, Kulturen oder Religionen gelegt sein muss.

3. Zen Buddhismus

Abt Muho resümiert in seinem Buch „Ein Regentropfen kehrt ins Meer zurück - Warum wir uns vor dem Tod nicht fürchten müssen“ das wir eher dazu aufgefordert werden uns vom Leiden und der Unzufriedenheit zu lösen, indem wir endlich die Augen öffnen, um die Dinge so wahrzunehmen, wie sie sind. Es geht nicht um Glauben oder Nicht-Glauben, sondern, leider deutlich schwieriger, um Erkenntnis.

Das lässt sich auf viele Lebenssituationen übertragen, in denen wir uns schwer tun, die Dinge des Lebens so anzunehmen, wie sie sind. Mit aller Kraft stemmen wir uns gegen die Realität, in dem Wunsch, diese nach unseren Vorstellungen zu formen. Was uns nicht gelingt. Lediglich dazu führt, das wir einen Großteil unserer Kraftreserven für diesen Akt aufwenden und ignorieren, das uns diese für die wirklich wichtigen Dinge des Lebens fehlen und wir uns mit jedem Atemzug, den wir auf diesen Widerstand verwenden und damit der nicht Anerkennung der Wirklichkeit, selbst weiter schädigen.

Jeder lebt das Leben auf seine eigene Weise, und damit hat niemand das Recht, die Lebensweise eines anderen als verfehlt zu bezeichnen.

Das vorgenannte ist für unsere Zivilisation die Größte Herausforderung, dies im Alltag, Vorurteilsfrei und Wertschätzend, der Vielfalt der Menschen und damit den einzelnen Kulturen, entgegenzubringen.

Oftmals sind die wahren Gründe, die uns an dieser Lebensweise hindern, Verletzungen und / oder Lebensunzufriedenheiten, die sich ausschließlich in uns selbst abspielen. In denen die sich auslösende Lebenssituation nur als Beschleuniger oder Träger erweist, der uns immer wieder auffordert, uns den eigentlichen eigenen Gründen zu stellen und diese zu lösen.

Es geht darum, sich eine einzige Frage zu stellen: Bin ich wirklich einverstanden mit dem Leben, wie ich es heute lebe?

Zenji Dogen hat hier eine schöne Chronologie entworfen:

Es gibt einen einfachen Weg Buddha zu werden: Tue nichts schlechtes. Halte nicht an Leben und Tod fest. Hab tiefes Mitgefühl mit allen Lebenden. Respektiere die, die vor dir kamen, und nimm dich derer an, die nach dir kommen. Hege kein Abscheu, berge keine Wünsche in deinem Herzen, trage dich nicht mit Gedanken und mach dir keine Sorgen. Das nennt man einen Buddha. Suche nach nichts anderem.

Hier wird die Weisheit des Zen-Buddhismus anschaulich, im Moment zu sein, weder in Gedanken in Situationen aus der Vergangenheit, die sich nun nicht mehr ändern lassen. Oder bereits in die Zukunft gerichtet, ganz übersehenden die Einzigartigkeit und Einmaligkeit des Moments wahrzunehmen. Und damit ganz bewusst in ihm zu sein. Sich nicht mit Wünschen oder Sorgen ablenken zu lassen und damit der Flüchtigkeit des Momentes bzw. der vielen ungenutzten Momente im Leben gewahr zu werden.

Den Geist des Weges erwecken bedeutet, diesen einen Wunsch zu entfachen und in die Tat umzusetzen: Ich will alle leidenden Wesen erlösen, bevor ich selbst die Erlösung finde.

Damit wird ausgedrückt, was wir bereits im Buddhismus kennengelernt haben und im Konfuzianismus noch kennenlernen werden, das der Weg gleichbedeutend mit der eigenen Entwicklung ist.

Deshalb wird auch häufig rezitiert, das es nicht auf das Ziel, sondern ausschliesslich auf das bewusste Erleben des Weges ankommt. Für unsere Entwicklung und die damit verbundene Offenheit für die Vielfalt des Lebens ist es unbedeutend, wie zielstrebig wir uns eine Route überlegen, da das Leben die wahre Routenplanung bereithält.

Und wir akzeptieren müssen, das wir hierüber keine Kontrolle haben und lernen diese auch abzugeben bzw. loszulassen.

Oder anders formuliert, zur Geistesruhe werden wir nur gelangen, wenn wir nicht mehr versuchen, unseren Geist zu manipulieren, sondern einfach loslassen.

Erst wenn uns dies Gelungen ist, werden wir feststellen, welche Befreiung damit einhergeht. Wenn wir den Mut abgebracht haben. Wie leicht sich von nun an das Leben anfühlt.

Und letztlich sind wir aufgefordert andere auf ihrem Lebensweg unterstützend zu begleiten. In erster Linie den Prozess des anderen zu dem nächsten Reifegrad zu führen und nicht primär auf uns und unsere Entwicklung gerichtet. Die sich aber dann doch indirekt und wie von selbst einstellt [8].

4. Konfuzianismus

Im Buch von Maß und Mitte ist eine Grundlage für harmonische Gesellschaften genannt:

Liebe zum Lernen führt zur Weisheit, entschlossenes Handeln führt zu Großmut, sich schämen können führt zur Stärke. Wer diese drei Dinge kennt, der weiß, wie er seine Persönlichkeit zu bilden hat, der weiß, wie er die Menschen regieren kann. Wer weiß, wie er die Menschen regieren kann, der weiß, wodurch er sein Reich mit all seinen Staaten und Familien in Ordnung halten kann. Bildung und Selbstvervollkommnung sind also die Grundlagen einer friedlichen, harmonischen Gesellschaft.

Vom Himmelssohn bis um gewöhnlichen Mann gilt dasselbe: Für alle ist die Bildung der Persönlichkeit die Wurzel von allem [6].

5. Daoismus

Der Daoismus kennzeichnet sich u. a. durch sein absichtsloses Handeln (wuwei). Darunter verstehen die Daoisten, das der Mensch beim Handeln nicht von eigenen Motiven geleitet wird und aus diesem inneren Zustand heraus der Natur entsprechend handelt.

Diese Grundhaltung im Leben einzunehmen ist nicht einfach und basiert darauf, dieser vorangestellt die Selbstkultivierung oder Selbstvervollkommnung anzustreben. Auch hier zeigen sich parallelen zum Buddhismus, Zen-Buddhismus und Konfuzianismus.

Diese Lebenseinstellung basiert grundlegend nicht auf manipulativen Handeln, Verstandswissen und eigenen Vorlieben, sondern u. a. auf Weisheit und Selbstlosigkeit.

Martina Darga resümiert in ihrem Buch „Tao - Wege der taoistischen Lebenskunst„ das durch die Selbstkultivierung vollziehen die Menschen eine Bewegung von den Aktivitäten des Handelns, Wissens und Wünschens zu jenen der Nachgiebigkeit... [7]

6. Christentum

Im Christentum haben wir, wie auch bereits im Islam kennengelernt, nicht nur die äußere Auseinandersetzung mit anderen Weltreligionen, sondern in starkem Maße auch die innere Auseinandersetzung mit der Sicht auf den Christlichen Glauben.

Am augenscheinlichsten wird diese Auseinandersetzung in den widerstreitenden Sichten des Johannes und des Thomas Evangelium.

Elaine Bagels hat in Ihrem Buch „Das Geheimnis des fünften Evangeliums" hierzu bereits resümiert „…kam ich zu meiner Überraschung zu der Erkenntnis, daß der johannesische Text im Eifer eines Meinungsstreits zu dem Zweck geschrieben wurde, bestimmte Ansichten über Jesus zu verteidigen und andere zu bekämpfen.

Im Thomas Evanglium geht es nicht um die ausschliessliche vorbehaltlose Akzeptanz von Jesus, sondern vielmehr um die Sichtweise, das jeder Mensch nach dem Bild Gottes geschaffen wurde und mit seinem inneren gottgegebenen Potential nach Gotteserkenntnis streben sollte.

Anschaulich wird dies an einem Auszug aus dem Thomas Evangelium „Wenn ihr jenes in euch erzeugt, wird das, was ihr habt, euch erretten. Wenn ihr jenes nicht in euch habt, das was ihr nicht in euch habt, euch töten.

Zitat aus dem Thomas Evangelium „Jesus spricht: „Wer sucht, soll nicht aufhören zu suchen, bis er findet. Und wenn er findet wird er bestürzt sein. Und wenn er bestürzt ist, wird er erstaunt sein. Und er wird König sein über das All.

Im direkten Bezug des letzten zum vorletzten Absatz kommt die direkte Ermutigung an die Christen zum Ausdruck das alle Mittel und Kräfte, die zur Suche erforderlich sind, sich in ihnen selbst befinden.

Gem. Elaine Pagels liegt die Sichtweise des Thomas Evangeliums darin, das den Christen nicht vorgeschrieben wird, was sie glauben sollen, sondern das sie aufgefordert sind zu entdecken, was in ihnen verborgen liegt.

Historisch betrachtet ist auch zu erwähnen, das die einzelnen Evangelien für eine bestimmte Gemeinde und die dort vorherrschenden Probleme etc. geschrieben wurden. Also keinen universellen, sondern einen örtlichen Bezug repräsentiert.

Die beabsichtigte Wirkung der Evangelien war auf die Stärkung und Verbreitung des Glaubens an Jesu ausgelegt. Die heute in sehr orthodoxen Glaubensgemeinschaften verbreite Auffassung nach der wörtlichen exakten Wiedergabe stand zu keinem Zeitpunkt im Zentrum.

In Ihrem Buch „Die verbotenen Evangelien" resümieren Katharina Deming und Jürgen Werlitz „Das eine Suche nach der richtigen und verbindlichen Lehre ein Phänomen darstellt, das in al-

len Religionen, die sich auf einen historischen Stifter berufen, zu finden ist.

...während ich in meinem Ich versinke, begreife ich, dass es die Seele ist, die das Ewige und das Unendliche hervorbringt, das die Seele nur existiert, und zugleich begreife ich, dass das alles unendlich sinnlos ist, denn die Ewigkeit und Unendlichkeit sind zu wenig, um die Seele zu erklären, und die Seele ist zu klein, um die Ewigkeit und die Unendlichkeit zu fassen [3].

Wie Claude Levi-Strauss in seinem Buch „Traurige Tropen" resümierte „Die Bororo mochten ihr System noch so sehr in einer trügerischen Vorführung Verstorbener entfalten - es ist ihnen ebensowenig wie anderen gelungen, jene Wahrheit zu widerlegen, daß nämlich die Vorstellung, die sich eine Gesellschaft von den Beziehungen zwischen Lebenden und den Toten macht, sich auf das Bemühen reduziert, die realen Beziehungen, die zwischen den Lebenden bestehen, auf der Ebene des religiösen Denkens zu verbergen, zu beschönigen oder zu rechtfertigen [2]".

Fazit:

Bereits Apostel Paulus hat in seinem Brief an die Galater geschrieben: Denn verschmäht nicht Juden, Griechen, Barbaren, Skythen, nicht den Freien, den Sklaven, Männer, Frauen, den Alten und den Jungen.

Ein Umstand, der Zeitlebens der Menschheit in seiner Offenheit eine derart unüberwindbare Dimension spiegelte, die ob all der

Notwendigkeit der Vielfalt den Ihr gebührenden Raum zu verleihen und daraus den Reichtum der Menschen zu erfahren, nun im Sinne der geographischen und geopolitischen Probleme gelebt und erlebt werden will [1].

Bereits im Oktober 1965 wurde durch das zweite Konzil der katholischen Kirche das Verhältnis zu den anderen, nicht christlichen Religionen dargelegt.

Da in der heutigen Diskussionen, die zusammenführenden Gedanken, neben den Verbindungen die wir in der Eigenbetrachtung kennengelernt haben, leider verloren gegangen zu seinen scheinen, rufen wir uns wesentliche Auszüge aus dem zweiten Konzil der katholischen Kirche - NOSTRA AETATE - noch einmal ins Gedächtnis:

Verschiedene Religionen

Im Zusammenhang mit dem Fortschreiten der Kultur suchen die Religionen mit genaueren Begriffen und in einer mehr durchgebildeten Sprache Antwort auf die gleichen Fragen. So erforschen im Hinduismus die Menschen das göttliche Geheimnis und bringen es in einem unerschöpflichen Reichtum von Mythen und in tiefdringenden philosophischen Versuchen zum Ausdruck und suchen durch asketische Lebensformen oder tiefe Meditation oder liebend-vertrauende Zuflucht zu Gott Befreiung von der Enge und Beschränktheit unserer Lage. In den verschiedenen Formen des Buddhismus wird das radikale Ungenügen der veränderlichen Welt anerkannt und ein Weg gelehrt, auf dem die Menschen frommen und vertrauendem Sinn entweder den Zustand vollkommener Befreiung zu erreichen oder - sei es durch eigene Bemühung, sei es vermittels höherer Hilfe - zu höchsten Erleuchtung gelangen vermögen. So sind auch die übrigen in der ganzen Welt verbreiteten Religionen bemüht, der Unruhe des menschlichen Herzens auf verschiedene Weise zu begegnen, indem sie Wege weisen: Lehren und Lebensregeln sowie auch heilige Riten.

Die katholische Kirche lehnt nichts von alledem ab, was in diesen Relgionen war und heilig ist. Mit aufrichtigem Ernst betrachtet sie jene Handlung- und Lebensweisen, jene Vorschriften und Lehren, die zwar in manchem von den abweichend was sie selber für wahr hält und lehrt, doch nicht selten einen Strahl jener Wahrheit erkennen lassen, die alle Menschen erleuchtet.

Mit Hochachtung betrachtet die Kirche auch die Muslim, die den alleinigen Gott anbeten, den lebendigen und in sich seienden, barmherzigen und allmächtigen, den Schöpfer Himmels und der Erde, der zu den Menschen gesprochen hat.

Da es im Laufe der Jahrhunderte zu manchen Zwistigkeiten und Feindschaften zwischen Christen und Muslim kam, ermahnt die Heilige Synode alle, das Vergangene beiseite zu lassen, sich aufrichtig um gegenseitiges Verstehen zu bemühen und gemeinsam einzutreten für Schutz und Förderung der sozialen Gerechtigkeit, der sittlichen Güter und nicht zuletzt des Friedens und der Freiheit für alle Menschen.

Gewiss ist die Kirche das neue Volk Gottes, trotzdem darf man die Juden nicht als von Gott verworfen oder verflucht darstellen, als wäre dies aus der heiligen Schrift zu folgern. Darum sollen alle dafür Sorge tragen, daß niemand in der Katechese oder bei der Predigt des Gotteswortes etwas lehre, das mit der evangelischen Wahrheit und dem Geiste Christi nicht im Einklang stehen.

Universale Brüderlichkeit

Wir können aber Gott, den Vater aller, nicht anrufen, wenn wir irgendwelchen Menschen die ja nach dem Ebenbild Gottes geschaffen sind, die brüderliche Haltung verweigern. Das Verhalten des Menschen zu Gott dem Vater und sein Verhalten zu den Menschenbrüdern stehen in so engem Zusammenhang, daß die Schrift sagt; „Wer nicht liebt, kennt Gott nicht (1 Joh 4,8)

So wird also jeder Theorie oder Praxis das Fundament entzogen, die zwischen Mensch und Mensch, zwischen Volk und Volk bezüglich der Menschenwürde und der daraus fließenden Rechte einen Unterschied macht.

Deshalb verwirft die Kirche jede Diskriminierung eines Menschen oder jeden Gewaltakt gegen ihn um seiner Rasse oder Farben seines Standes oder seiner Religion willen, weil dies dem Geist Christi widerspricht.

Wie kann sich Offenheit gegenüber anderen schöner ausdrücken. Wenn sogar die katholische Kirche in ihrem zweiten Konzil dazu Raum und Ausdruck gefunden hat, sollte uns dies ein Beispiel sein, uns anderen Kulturen und damit verbundenen Religionen öffnen zu können.

Öffnen im Sinne der Toleranz. Frei von Missionierung. Wie bereits im zweiten Konzil ausgeführt, berufen sich schlussendlich alle Religionen auf den einen, den gleichen Gott. Nur die Ausgestaltung der Riten innerhalb der Religionen sind Kulturell unterschiedlich.

Kapitel 6 - Weg zur Selbstvervollkommnung

Der Wille eines Menschen ist so vielgestaltig wie seine Grundbedürfnisse, Kompetenzen und Vorstellungen und hängt immer auch von der Lebenssituation ab, in der er sich befindet.

Wie wir in den vorangegangen Kapiteln bereits ausführlich kennengelernt haben, ist der Weg zur eigenen Selbstbefriedung und dem eigenen Wachsen davon abhängig, das unsere existenziellen Grundbedürfnisse gestillt sind. Erst dann wächst in uns das Bedürfnis, aus einer Innenschau, uns auch um unsere tieferen seelischen Bedürfnisse und Themen zu kümmern und auf dem Weg zur Selbstbestimmung, frei von Konditionierungen und Traumen, unseren Weg zu gehen.

Frei - nach dem Philosophen Johann Gottlieb, sind wir als Menschen nur dann, wenn wir auch den Menschen, mit denen wir in Kontakt kommen, diese zugestehen.

Eben diese Freiheit des Seins uns, aber auch anderen zuzugestehen, ist eine unserer größten Lebensaufgaben.

Für uns selbst ist sie eng damit verbunden, das wir unsere Selbstverurteilungen und unseren inneren Verletzungen, teils tiefe Traumen überwinden und uns Selbstbefrieden.

Erst dann sind wir wirklich in der Lage andere Menschen in dem Mase ihre eigene Freiheit und ihr eigenes Sein zuzugestehen, da unsere eigenen Erwartungen an uns selbst, aber auch an die Menschen, denen wir begegnen, immer mehr in den Hintergrund tritt.

Wir mehr und mehr in die Lage versetzt werden, Situationen so anzunehmen, wie sie sind. Nicht in Widerstand zu Ihnen zu treten, sondern zu ergründen, welche Lern- oder Wachstumsaufgabe damit einhergeht.

Gerade die für diesen Prozess so elementare Resilienz oder auch Widerstandskraft genannt, ist schon in den Kinderjahren ausgebildet. Ärzte und Wissenschaftler haben hierzu anhand von Studien belegt, das bereits in frühen Jahren der Entwicklung besondere Grundbedürfnisse in hohem Masse ausgeprägt waren, wie etwa die Selbstentfaltung.

Einher ging damit ein großes Bedürfnis die eigenen Begabungen und Talente zu entfalten. Allerdings war hierfür immer die Unterstützung aus dem Umfeld notwendig. In der Form, das Menschen sich annehmen, fördern, begleiten und kümmern.

Aus all dem vorgesagten lässt sich resümieren, das Selbstbestimmt zu leben ein hohes Gut für uns, aber auch Recht für andere sein sollte. Erreichen lässt sich dieser Zustand in einer Gesellschaft nur auf der Basis, das wir auch allen anderen Menschen ihren Willen zugestehen und diesen respektieren.

Daraus folgert auch, das wir nicht gleich in unserem Denken und streben sind, es einen einheitlichen Willen nicht gibt. Was der Vielfalt der Gesellschaften und den Kulturen Rechnung trägt und die bei Akzeptanz das größte Geschenk einer Gesellschaft ist, aus deren großen Fundus sie schöpfen kann.

Kreativität und Fortschritt in sozialen, gesellschaftlich, kulturellen und wirtschaftlichen Fragestellungen hängen eng mit der Fähigkeit zusammen, diese Vielfalt zu nutzen.

Wenn uns dies gelingt, legen wir damit das Fundament für jeden einzelnen, ein authentisches Leben, führen zu können. Ein Leben basieren auf den Wertvorstellungen und Bedürfnissen, die uns ermöglichen in unserem eigenen Lebensrhythmus zu bleiben. Unserem eigenen Flow zu folgen.

Dies bildet die Voraussetzung für uns, unser Leben als passend für uns zu empfinden. Damit fühlen wir uns körperlich und physisch wohl und verfügen über ein gutes Selbstwertgefühl und eine gute Selbstwirksamkeit. Denn wir können nicht irgendein Leben führen. Wir können nur unser eigenes führen [1].

Aus dem Zen können wir uns eine der vielen Weisheiten an dieser Stelle zu nutze machen. Vereinfacht gesagt, heisst es dort, der Weg ist das Ziel.

Was sich so eindeutig, klar und kurz liest, bedarf einer großen Offenheit, Flexibilität und Mut. Der Weg ist das Ziel. Bedeutet, das die waren Möglichkeiten, sich im Leben zu entwickeln, nur in ihrem vollen Ganzen dem zeigen, der sie auch wahrnimmt.

Sich, wie die Weisheit besagt, nicht auf ein imaginäres oder reales Ziel fokussiert. Den Geist und die Sinne offen hält, für alles, was sich auf diesem Weg zeigt. Aus dieser Offenheit, wie in der Kindheit, die positive Neugierde bzw. den Entdeckerwillen immer auf Wahrnehmung hat.

Diese Chancen, die sich nunmehr ergeben, das sind die Garanten für ein inneres Wachstum. Aus dieser Offenheit entstehenden vielfältige Gelegenheiten auf andere Menschen zuzugehen. Andere Lebensmodelle, Lebenssichten, Wertvorstellungen, Riten und vieles mehr kennenzulernen.

Die unterschiedlichen Erfahren sind es, die ein tieferes Verständnis für den anderen ermöglichen.

Michaele Kundermann hat in Ihrem Buch „Emotionale Stresskompetenz eine wirklich treffende Zusammenfassung hierzu gefunden:

„Meist ist uns nich bewusst, dass wir unsere Wahrnehmung durch die Voreinstellung des Thalamus selbst erzeugt haben. Wir glauben an unsere Wahrnehmung als wäre sie die einzige Sichtweise. Klar, wir sehen auch keine andere. Das können wir nicht verhindern aber wir können uns dieser Lücke bewusst sein. Es ist reifer,

als andere anzugreifen oder auszugrenzen, weil sie eine andere Wahrnehmung, andere Werte oder Denkweisen haben, die aus der eigenen Sicht scheinbar falsch sind".

Wieder wird uns eindeutig aufgezeigt, das die Wirklichkeit, jedenfalls das, was wir für die Wirklichkeit halten, einzig und allein aus unseren Gedanken geformt und gestaltet wird. Eine reelle Wirklichkeit, die unseren Gedankengebilden entspricht, gibt es nicht.

Neben der Offenheit müssen wir aber noch eine weitere große Herausforderung in unserem Leben meistern. Wir müssen eins werden mit uns. Mit all unseren Erfahrungen, Wunden etc.

Wir müssen einen Zugang zu uns finden. In aller erster Linie uns verstehen und warum wir, so wie wir reagieren, reagieren, was der Grund dahinter ist. Welche nicht erfüllten Bedürfnisse oder Verletzungen ihren Weg suchen.

Wir müssen einen Weg finden uns neben dem Bewusst machen, damit zu versöhnen. Nur wenn uns dies gelingt, ist die Basis dafür gelegt, das wir auch in wertschätzender und achtsamer Weise mit unseren Mitmenschen umgehen können.

Häufig stehen uns unsere eigenen Emotionen im Weg dies in allen Lebenssituationen umsetzen zu können. Was uns selbst, aber auch andere, in Stress versetzt.

Krankheiten die gem. vielen Studien mit Stress in Einklang gesetzt werden:

1. *Allergien*
2. *Angstörungen*
3. *Arteriosklerose*
4. *Bluthochdruck (Hypertonie)*
5. *Darmentzündung (Colitis)*
6. *Depression*
7. *Herzinfarkt*
8. *koronare Herzerkrankung*
9. *Magen-Darm-Geschwüre*
10. *Migräne*
11. *Kopfschmerzen*
12. *Rückenschmerzen*
13. *Tinnitus*

Nur wenn es uns gelingt uns selbst innerlich zu befrieden sind wir in der Lage, dies auch im Umgang mit anderen Menschen zu Leben.

Ändere die Situation oder ändere Deine Haltung zur Situation. Für das Unterbewusste ist es nicht entscheidend ob reell oder in der Sichtweise.

Wenn wir uns selbst dauerhaft befrieden wollen, dann müssen wir uns all die Situationen bewusst machen, die uns innerlich daran hindern.

Wie Michaele Kundermann ausführt „sind ungelöste alte emotionale Konflikte wie Wellen, die nicht am Strand auslaufen, sondern durch einen neuronalen Kurzschluss in ihrem Erregungszustand hängen geblieben sind.

Sie bleiben so lange unterschwellig wirksam, bis der Kreis einer emotionalen Erregung geschlossen wird und die Anspannung entladen werden kann [2].

Wir müssen aber auch wieder einen Zugang zu unserem Herzen finden. Um die vielfach bereits angesprochene vorbehaltlose Offenheit leben zu können, wenn wir einen Zugang zu unserer Herzensliebe haben. Nur hierin liegt die Basis in unserem Leben, andere Menschen so anzunehmen, wie sie sind. Mitgefühl mit Ihnen zu haben und Ihnen Verständnis entgegenzubringen.

Kapitel 7 - Schlusswort

Aus den Erkenntnissen, die Entwicklungen in uns und damit auch für die Interaktionen in allen Beziehungen, in denen wir uns befinden, auslösen können, ist die höchste Qualität, die sich uns anbietet, unsere eigene Definition von „Würde“ zu finden.

Eine selbst in den Zeiten starker gesellschaftlicher Veränderungen elementare Basis des miteinander umzugehen. Aus dieser inneren Kraft entstehen Lebens- und Begegnungsräume, die uns die Offenheit für andere in Form von wertschätzenden Formen des aufeinander zu Gehens ermöglichen. Anderen ein Gespür unseres eigenen Wertkodexes vermitteln, ohne Ihnen ausgrenzend, übergriffig oder abwertend zu begegnen.

All die anstehenden und in der Rückbetrachtung vergangenen Herausforderungen verbinden sich in einem Grundgedanken, die wahre Stärke unseres Planeten liegt in der Verbindung der Vielfalt. All den individuellen Fähigkeiten und Stärken. Das miteinander im Geiste der Förderung und da wo notwendig Unterstützung. Immer auf dem Fundament, der Charta der UN

> *Artikel 1:*
>
> *Alle Menschen sind frei und gleich an Würde und Rechten geboren. Sie sind mit mit Vernunft und Gewissen begabt und sollen einander im Geiste der Brüderlichkeit begegnen.*

Artikel 2:

Jeder hat den Anspruch auf die in dieser Erklärung verkündeten Rechte und Freiheiten ohne irgendeinen Unterschied, etwa in Rasse, Hautfarbe, Geschlecht, Sprache, Religion, politischer oder sonstiger Überzeugung, nationaler oder sozialer Herkunft, Vermögen, Geburt oder sonstigem Stand [1].

Literaturverzeichnis

Einfluss des Zugangs zu unseren Erinnerung

[1] Der Strom des Bewusstseins von Oliver Sacks, ISBN 978-3-498 064341, 2017, Rowohlt Verlag GmbH

[2[Das passende Leben von Remo H. Largo, ISBN 978-3-10-397274-0, 2017, S, Fischer Verlag GmbH

Einfluss des Umfeldes

[1] Das passende Leben von Remo H. Largo, ISBN 978-3-10-397274-0, 2017, S, Fischer Verlag GmbH

[2] Traurige Tropen von Claude Lévi-Strauss, ISBN 978-3-518-27840-6, 2018, Suhrkamp Taschenbuch Wissenschaft

Einfluss der Kultur

[1] Kultur von Terry Egaleton, ISBN 978-3-550-08170-5, Ullstein Buchverlage GmbH

[2] Traurige Tropen von Claude Lévi-Strauss, ISBN 978-3-518-27840-6, 2018, Suhrkamp Taschenbuch Wissenschaft

[3] Das passende Leben von Remo H. Largo, ISBN 978-3-10-397274-0, S. Fischer Verlag GmbH

[4] Arabisch-Islamische Philosophie - Geschichte und Gegenwart von Geert Henrich, ISBN 978-3-593-39402-2, 2011, Campus Verlag

Einfluss der Religion / Spiritualität

[1] Würde von Gerald Hüther, ISBN 978-3-8135-0783-6, Albrecht Knaus Verlag

[2] Traurige Tropen von Claude Lévi-Strauss, ISBN 978-3-518-27840-6, 2018, Suhrkamp Taschenbuch Wissenschaft

[3] Gespräch mit Spinoza von Goce Smileyski, ISBN 978-3-95757-234-9, 2016, MSB Matthes & Seitz Berlin Verlagsgesellschaft mbH

[4] Arabisch-Islamische Philosophie - Geschichte und Gegenwart von Geert Henrich, ISBN 978-3-593-39402-2, 2011, Campus Verlag

[5] Dalai Lama & Desmond Tutu „Das Buch der Freude“ von Douglas Abrams, ISBN 978-3-7787-8265-1, Lotos Verlag, ein Verlag der Verlagsgruppe Random House GmbH.

[6] Konfuzius - Der Mann und die Welt, die er schuf von Michael Schuman, ISBN: 978-3-466-37150-1, Kösel Verlag.

[7] TAO - Wege der taoistischen Lebenskunst von Martina Draga, ISBN 978-3-426-29232-7, O. W. Barth Verlag.

[8] Ein Regentropfen kehrt ins Meer zurück - Warum wir keine Angst vor dem Tod fürchten müssen von Abt Muho, ISBN: 978-3-8270-1338-5, Berlin Verlag.

Weg zur Selbstverkommnung

[1] Das passende Leben von Reno H. Largo, ISBN: 978-3-10-397274-0, S. Fischer Verlag GmbH

[2] Emotionale Stresskompetenz von Michaele Kundermann, ISBN: 978-3-99060-084-9, Goldegg Verlag GmbH.

Schlusskapitel

[1] Würde von Gerald Hüther, ISBN 978-3-8135-0783-6, Albrecht Knaus Verlag